Nathalie León

APULEYO EDICIONES   FOMENTO DE VALORES   CUENTOS ILUSTRADOS

LA ABEJA MABLE

APULEYO EDICIONES   FOMENTO DE VALORES   CUENTOS ILUSTRADOS

En un pequeño bosque, vivía una abeja muy amable con toda su familia, en una bonita colmena. Era una joven abeja recolectora y se llamaba Mable.

Una mañana, después de haber volado un par de horas, Mable encontró una hermosa flor roja y justo cuando se iba a situar sobre su centro, alcanzó a ver la cabeza de un enorme caracol que estaba a punto de comer la flor.

—¡No, para!
—alcanzó a gritar con
todas sus fuerzas la abejita.

El caracol cerró la boca y abrió sus ojos para
comprobar que la flor no era venenosa,
y entonces, la vocecita siguió:

—Si comes la flor, yo no tendré ingredientes
para hacer miel —dijo Mable.

—Si no me como la flor, moriré de hambre —respondió el caracol—.
Hace semanas que me desplazo con el estómago vacío, cada vez
hay más casas y menos plantas. Mírame,
soy joven y no puedo frenar mi instinto para sobrevivir.
Además, yo llegué primero a esta flor. ¡Es mía y me la comeré!

Terminando de decir esto, el caracol volvió a abrir su
gran boca, no pensaba detenerse por la petición
de·un simple insecto con alas.

—¡No, por favor, para! —insistió Mable—.
No me dejes sin lo único que necesita toda mi
familia. Mira, come tú las hojas, pero no comas
los pétalos ni mucho menos el centro de la flor,
lo necesito y la flor me necesita a mí porque
yo soy su principal polinizador.

El caracol estaba desesperado por comer la flor, que consideraba suya por haber llegado primero y por ser más grande y fuerte que la abeja. Sin embargo, se tomó un segundo para dialogar:

—Las hojas son muy amargas y secas, ¡no me gustan! Cuando tú polinizas, llevas el polen de una parte de la flor a otra, haciendo posible que, con el tiempo, crezcan deliciosos frutos, como las fresas, las naranjas, los almendros y los aguacates. Pero yo estoy tan cansado y hambriento que no puedo esperar más, solo podré recuperarme si como el centro de la flor porque es la parte más dulce.

—¿Dulce? ¿Dijiste dulce? —preguntó Mable—. Espera, ¡tengo una buena idea! Si lo que necesitas es dulce, yo te traeré un poco de mi exquisita miel, que podrás untar sobre las hojas y el césped; verás que te encantará el sabor y no volverás a pasar hambre. ¿Puedo confiar en que no te comerás la flor mientras voy a mi colmena a buscar la miel?

—Lo intentaré —respondió el adversario con concha.

La abeja Mable voló lo más rápido posible, preguntándose si hizo bien en dejar la flor sola con el insecto hambriento.

Cuando volvió con un saquito de miel
para el caracol, miró con asombro...
No podía creerlo... Parecía que...
Sí, efectivamente...

El caracol seguía moribundo
y la radiante flor roja
bailaba con el viento,
¡no se la había comido!

Con una sonrisa entregó su dulce tesoro
y por fin el paciente caracol comió todo
tipo de hojas hasta saciar su apetito,
gracias a la miel que le trajo Mable.

A partir de ese día, a partir de ese trato,
a partir de esa confianza, el caracol y la abeja se hicieron
buenos amigos. Cada mañana, la abeja Mable traía un
poco de miel a su compañero y a cambio, él se encargaba
de proteger las flores y de convencer a otros insectos de no
comérselas para que las abejas puedan seguir con
su noble labor de polinización.

FIN

¿Qué aprendimos?

Las flores son muy importantes para los insectos.

Las abejas son muy importantes en la naturaleza porque hacen la labor de polinización.

Cuando estemos en un conflicto, hay que detenerse, dialogar e intentar encontrar una solución que convenga a todos.

Comprender y ayudar a otros puede ser el comienzo de una nueva amistad.

A veces, cuando tenemos hambre o miedo, actuamos sin pensar en las consecuencias.

L'Abeille Emma

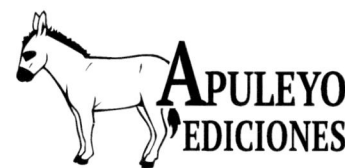

© Flor León (de la obra)
©Apuleyo Ediciones (de esta edición)
Primera edición en Apuleyo Ediciones: agosto 2024
Diseño de cubierta: Sofía Corzo González
Corrección: Aitor Andreu Guerrero
Maquetación: Domingo Carrasco Martín
Ilustraciones: Michelle Veneziano
Coordinación editorial: Isidoro Cidre González
info@apuleyoediciones.com
www.apuleyoediciones.com
ISBN: 978-84-1060-187-1
Depósito legal: H 157-2024

Hecho e impreso en España.